Angewandte Trainingslehre im Krafttraining

Ableitung Makro- und Mesozyklus sowie Effekte des Krafttrainings bei Osteoporose

Isabella Jülch

Bibliografische Information der Deutschen Nationalbibliothek:

Die Deutsche Nationalbibliothek verzeichnet diese Publikation in der Deutschen Nationalbibliografie; detaillierte bibliografische Daten sind im Internet über http://dnb.d-nb.de abrufbar.

ISBN: 9783346320902
Dieses Buch ist auch als E-Book erhältlich.

Druck und Bindung: Books on Demand GmbH, Norderstedt Germany
Gedruckt auf säurefreiem Papier aus verantwortungsvollen Quellen

Das vorliegende Werk wurde sorgfältig erarbeitet. Dennoch übernehmen Autoren und Verlag für die Richtigkeit von Angaben, Hinweisen, Links und Ratschlägen sowie eventuelle Druckfehler keine Haftung.

Das Buch bei GRIN: https://www.grin.com/document/975883

Deutsche Hochschule für

Prävention und Gesundheitsmanagement

Hermann Neuberger Sportschule 3

66123 Saarbrücken

Einsendeaufgabe

Fachmodul:	Trainingslehre 1
Studiengang:	Fitnessökonomie
Datum Präsenzphase:	29.02.2016-03.03.2016
Name, Vorname:	Jülch, Isabella
Studienort:	Frankfurt
Semester:	Wintersemester

Inhaltsverzeichnis

1 Diagnose

1.1 Allgemeine und biometrische Daten

Tab. 1.: Allgemeine und biometrische Daten (eigene Darstellung)

Allgemeine Daten	
Alter	20
Geschlecht	Weiblich
Körpergröße	1,63 m
Körpergewicht	62 kg
Trainingsmotive	Muskelaufbau, Gewebsstraffung, Gewichtsreduktion
Berufliche Tätigkeit	Auszubildende Speditionskauffrau
Aktuelle und frühere sportliche Aktivitäten	Frühere Aktivitäten: 3 Jahre Tanzverein, 3 Jahre Turnverein (Kinderturnen und Step Aerobic), seit ca. 4 Jahre kein Sport mehr gemacht Aktuelle Aktivitäten: Krafttrainingsbeginner, 3 Monate Krafttrainingserfahrung im Fitnessstudio (Kraftausdauertraining, 3 Einheiten pro Woche, jeweils ca. 45 Minuten Krafttraining (generell Kraftausdauer) zuzüglich Auf- und Abwärmen)
Zeitlicher Verfügungsrahmen	3 Trainingseinheiten pro Woche, ca. 1,5 h
Subjektive Einschätzung der Bindegewebsstärke	Note 4
Biometrische Daten	
Blutdruck	119/78 mmHg
Körperfettanteil	26 %
Muskelmasse	45 kg
Allgemeiner Gesundheitszustand	Sportgesund
Sonstige gesundheitliche Einschränkungen	Keine

Tab. 2: Blutdruckklassifikation der American Heart Association (modifiziert nach Mancia et al., 2013, S. 1286; zitiert nach Eifler, 2015b, S. 273)

Bewertungsstufen	Systolischer Blutdruck	Diastolischer Blutdruck
Normalblutdruck		
optimal	unter 120 mmHg	unter 80 mmHg
normal	unter 130 mmHg	unter 85 mmHg
hochnormal	130-139 mmHg	85-89 mmHg
Bluthochdruck		

3

Stufe 1	140-159 mmHg	90-99 mmHg
Stufe 2	160-179 mmHg	100-109 mmHg
Stufe 3	> 180 mmHg	>110 mmHg

Der Blutdruck der Person liegt laut der Bluttdruckklassifikation der American Heart Association (modifiziert nach Mancia et al., 2013, S. 1286; zitiert nach Eifler, 2015b, S. 273) im optimalen Bereich. Aus der Tatsache, dass die Person bereits Krafttrainingserfahrung mitbringt, sowie einen optimalen Blutdruck bzw. keine gesundheitlichen Einschränkungen aufweist, kann geschlossen werden, dass sie im Training relativ stark belastet werden darf.

Tab. 3: Klassifikation Körperfett bei Frauen (modifiziert nach Gallagher et al., 2000, S. 694-701)

Alter	niedrig	normal	hoch	sehr hoch
20-39	< 21 %	21-33 %	33-39 %	≥ 39 %
40-59	< 23 %	23–34 %	34-40 %	≥ 40 %
60-79	< 24 %	24-36 %	36-42 %	≥ 42 %

Der Körperfettanteil der Person liegt nach Gallagher et al. (2000, S. 694-701) mit 26 % im mittleren normalen Bereich.

1.2 Krafttestung

Als Testverfahren ist der Mehrwiederholungskrafttest zu wählen, da die zu testende Person bereits Krafttrainingserfahrung aufzuweisen hat und somit mit der Durchführung des Testes nicht überfordert wird. Sie kennt die Testübungen bereits und kann die zu realisierbare Gewichtslast ungefähr einschätzen, was dabei hilft, die Testsätze möglichst gering zu halten. Außerdem ist sie aufgrund ihres sportgesunden Zustandes in dem Ausmaß, wie es der Krafttest erfordert, belastbar. Der 1-RM-Test ist in diesem Fall abzulehnen, da eine Bestimmung der Maximalkraft bei Trainingsanfängern aufgrund einer reduzierten Belastungsverträglichkeit aus sportmedizinischer Sicht nicht erwünscht ist (Buskies, Boeckh-Behrens, 1999, S.4). Diese Methode ist den Leistungssportlern vorenthalten. Die Intensitätsbestimmung über das subjektive Belastungsempfinden ist ebenfalls auszuschließen, da die Testperson noch eine Trainingsbeginnerin darstellt, die 4 Jahren lang

4

kein Sport mehr gemacht hat. Somit ist das eigene Körpergefühl bzw. das subjektive Belastungsempfinden wahrscheinlich nicht in dem Ausmaß ausgeprägt, wie es für den Test sinnvoll wäre. Außerdem stellt Eifler (2013) fest, dass es hier „vor allem bei krafttrainingsunerfahrenen Personen ... eine deutliche Diskrepanz zwischen intuitiv gewählter Last und gängigen trainingswissenschaftlichen Vorgaben bzw. Empfehlungen zur Intensitätsgestaltung zu geben" (S. 86) scheint.

Der Testablauf orientiert sich am Ablaufschema von Zimmer (1999; zitiert nach Eifler, 2015a, S. 121). Der Test beinhaltet, dass eine Eingewöhnungsphase an das Krafttraining bereits stattgefunden hat. Getestet wurden nur diejenigen Übungen, die der Testperson bereits bekannt sind und an denen sie die letzten Wochen trainiert hat, da dadurch der Störfaktor Koordination weitgehend eliminiert wird. Nach einem allgemeinen Aufwärmen, das 10 Minuten Joggen auf dem Laufband mit einer Geschwindigkeit von 8,5 km/h beinhaltet, folgte das spezifische Aufwärmen an den geführten Krafttrainingsmaschinen. Dies sah wie folgt aus: An den ersten drei Testgeräten erfolgten jeweils zwei Aufwärmsätze. Beim ersten Aufwärmsatz wurden 8 Wiederholungen mit 50 % der Gewichtslast des ersten Testsatzes durchgeführt. Der zweite Aufwärmsatz bestand aus 4 Wiederholungen mit 75 % der Gewichtslast des ersten Testsatzes. Zwischen den Aufwärmsätzen sowie vor dem ersten Testsatz erfolgten 30 Sekunden Pause. Die Gewichtslast des ersten Testsatzes wurde mithilfe der Einschätzung und bisherigen Erfahrung der Sportlerin ausgewählt. Das Aufwärmen erfolgte am Latzug zum Nacken, an der Abduktionsmaschine und an der Brustpresse, da hier jeweils unterschiedliche, große Muskelgruppen beansprucht werden (Bein- und Rumpfmuskulatur). Bei der Reihenfolge der Testgeräte wurden Ober- und Unterkörperübungen abgewechselt, um den Störfaktor Ermüdung möglichst gering zu halten. Dementsprechend wurden maximal zwei Testsätze mit jeweils drei Minuten Satzpause durchgeführt. Der X-RM-Test wurde mit 15 Wiederholungen durchgeführt, da die Person bereits drei Monate lang ein Kraftausdauertraining mit 20 Wiederholungen absolviert hat und nun ein neuer Mesozyklus mit geringerer Wiederholungsanzahl bzw. ein Übergang ins Hypertrophietraining erfolgen sollte, um den Muskeln neue Reize zu setzen.

Tab. 4: Mehrwiederholungskrafttest (15-RM) (eigene Darstellung)

Testübung	WH	1. Testsatz	2. Testsatz	Ergebnis
Latzug zum Nacken (Zuggerät Nacken, breite Stange)	15	60 kg	65 kg	65 kg
Abduktorenmaschine (sitzend)	15	55 kg	60 kg	55 kg
Brustpresse (sitzend)	15	50 kg	55 kg	50 kg
Adduktorenmaschine (sitzend)	15	50 kg	55 kg	55 kg
Rumpflexionmaschine	15	35 kg	40 kg	40 kg
Butterfly Revers	15	20 kg	25 kg	20 kg
Beinpresse (horizontal sitzend)	15	77 kg	85 kg	77 kg

Mithilfe der Testergebnisse kann die Leistungsentwicklung dokumentiert werden. Es bietet sich die Möglichkeit des intraindividuellen Leistungsvergleichs „bei konsequenter und exakter Standardisierung der Testrahmenbedingungen, des Testablaufes und der Testmethodik" (Eifler, 2015a, S. 121). Die Erfolge werden dadurch für den Sportler greifbar, was die Motivation aufrecht erhält. Ein interindividueller Leistungsvergleich ist nicht möglich, da aufgrund der vielen Störfaktoren keine Normwerte existieren, die eine Vergleichbarkeit des Maximalkraftniveaus zulassen (Eifler, 2015a, S. 121). Letztendlich ist die Testung wichtig für die weitere Trainingssteuerung und –planung, da sich aus den Testergebnissen die Trainingsintensitäten ableiten lassen. Dazu muss eine Methode ausgewählt werden, die auf einem Mehrwiederholungskrafttest beruht.

2 Zielsetzung/Prognose

Tab. 5: Zielsetzung (eigene Darstellung)

Inhalt	Ausmaß	Zeit
Muskelaufbau	1kg	ca. 6 Monate (bis zum 20. Juli 2016)
Reduktion des Körperfettanteils	5 %	ca. 6 Monate (bis zum 20. Juli 2016)
Gewebsstraffung	2 Notenpunkte	ca. 6 Monate (bis zum 20. Juli 2016)

Die Peron hat aufgrund von drei Trainingsmotiven mit dem Krafttraining angefangen. Die Motive Gewebsstraffung und Muskelaufbau können hierbei als Ziele angesehen werden. Das Motiv Gewichtsreduktion muss jedoch umformuliert werden. Mit Gewichtsreduktion ist die Reduzierung von Fettmasse gemeint, da die Person ihre Muskelmasse nicht verlieren, sondern sogar erhöhen möchte. Die Person möchte gerne 1 kg Muskelmasse zunehmen. Bei einer derzeitigen Muskelmasse von 45 kg würde sich die Muskelmasse auf 46 kg erhöhen. Da die Person Krafttrainingsbeginnerin ist, sind zu Beginn noch relativ große Muskelmassenzuwächse möglich. Somit ist dieses Ziel realistisch gesetzt. Des Weiteren ist das Ziel auch in der Hinsicht bedeutend, dass die Person bedingt durch ihre berufliche Tätigkeit viel sitzt. Dies bedeutet besonders mit zunehmendem Alter ein Verlust an Muskel- und Knochenmasse. Somit ist dieses Ziel auch in präventiver Hinsicht wichtig, da es der Sarkopenie und der Osteoporose entgegenwirkt. Gleichzeitig erhöht sich durch Muskelmassenzuwachs die Lebensqualität. Die Person wird kräftiger, kann alltagsbedingte Kraftaufwände, wie z. B. Wasserkästen tragen, besser und vor allem mit einer geringeren Verletzungsgefahr bewältigen und ihren Grundumsatz erhöhen, wodurch ihr zweites Ziel leichter erreichbar wird. Neben dem Muskelaufbau möchte sie auch ihren Körperfettanteil um 5 % senken. Momentan liegt ihr Körperfettanteil mit 26 % im mittleren normalen Bereich. Dies entspricht bei einem Gewicht von 62 kg 16,12 kg Fettmasse. Bei einer Senkung um 5 % würde ihr Fettanteil mit 21 % im unteren normalen Bereich liegen. Dies entspricht einer Körperfettreduktion von ca. 0,8 kg, was mehr als realistisch ist und wo gesundheitlich gesehen nichts auszusetzen ist. Die Person würde letztendlich ihr Gewicht von 62 kg halten, was gesundheitlich gesehen optimal ist und im normalen Bereich liegt. Um diese beiden Ziele zu messen, wird die bioelektrische Impedanzanalyse angewandt. Als drittes Ziel möchte die Person ihr Bindegewebe straffen. Die Bindegewebsstärke soll dabei von Schulnote 4 um 2 Notenpunkte auf Note 2 verbessert werden. Das Erreichen dieses Zieles wird sichergestellt durch den Muskelaufbau und die Körperfettreduktion. Durch diese Köperkompositionsveränderung wird gleichzeitig das Bindegewebe stärker bzw. straffer. Dieses Ziel wird subjektiv, also von der Person selbst gemessen. Die Messbarkeit erfolgt mithilfe eines Vorher-Nachher-Bildes.

Die gesundheitlichen Voraussetzungen zum Erreichen dieser Ziele bringt die Person in jedem Falle mit, da sie keine gesundheitlichen Beschwerden hat und somit voll belastbar ist.

3 Trainingsplanung Makrozyklus

Tab. 6: Trainingsplanung Makrozyklus (modifiziert nach Eifler, 2015a, S. 2017)

	Mesozyklus 1	Mesozyklus 2	Mesozyklus 3	Mesozyklus 4
Zyklusdauer	6 Wochen	6 Wochen	6 Wochen	6 Wochen
Trainingsziel	Übergangstraining	Hypertrophietraining (extensiv)	Hypertrophietraining (intensiv)	Maximalkrafttraining (extensiv)
Organisationsform	GK/Station	GK/Station	GK/Station	GK/Station
Einheiten/Woche	3	3	3	3
Übungen/Muskel	1-3	1-3	1-3	1-3
Sätze/Übung	2	2	2	2
Satzpausen	60 Sek.	60 Sek.	60 Sek.	60 Sek.
Intensität in % ILB	50-70	50-70	50-70	50-70
Wiederholungen	15	12	8	5
Bewegungstempo: TUT	Gleichmäßig langsames Tempo: 2/0/2	Gleichmäßig langsames Tempo: 2/0/2	Gleichmäßig langsames Tempo: 2/0/2	Gleichmäßig langsames Tempo: 2/0/2

Als Trainingsmethode wurde die ILB-Methode angewandt, da diese „speziell für den Fitness- und Gesundheitssport entwickelt wurde" (Eifler, 2015a, S. 156). Nach der Orientierungsphase dient bei dieser Methode ein X-RM-Test zur Ermittlung der Trainingsintensität (Eifler, 2015a, S. 156). Bei der gewählten Person erfolgte im Voraus ein 15-RM-Test, da sie mit 20 Wiederholungen laut dem „Grobraster der ILB-Methode" (Eifler, 2015a, S. 156) immer im Kraftausdauerbereich trainiert hat und der Muskel somit einen neuen Reiz bekommen muss, um zu adaptieren. Darüber hinaus ist die ILB-Methode auf Basis eines X-RM Testes ohne Bedenken anwendbar, da die Person keine gesundheitlichen Beschwerden hat und somit voll belastbar ist. Der Vorteil der ILB-Methode ist, dass sich die Intensitäten nach dem Trainingsalter richten, wodurch die Belastungsparameter individuell an den Trainierenden angepasst werden. Nach dem „Grobraster der ILB-Methode" (Eifler, 2015a, S. 156) entspricht der Leistungsstand der Person der Beginnerstufe, in der mit relativ sanften Belastungen von 50-70 % des ILB-Testergebnisses gearbeitet wird. Somit wird die Person im Verlauf ihres ersten Makrozyklus keinesfalls zu stark belastet, sodass es aufgrund von Motivationsmangel durch Erschöpfung zu einem Trainingsabbruch kommen könnte. Darüber hinaus wird innerhalb jedes Mesozyklus die Intensität von Woche zu Woche von 50 auf 70 % des ILB-testergebnisses gesteigert, wodurch die Muskulatur auch innerhalb der Mesozyklen stetig neue Reize bekommt und die Person, die jung und relativ fit ist, ausreichend gefordert wird. Im gesamten

Makrozyklus wurde die lineare Periodisierung angewandt, bei der nach Kraemer und Fleck (2007) die Intensitäten progressiv ansteigen und die Wiederholungszahlen regressiv abnehmen (S.6).

Der vorliegende Makrozyklus beginnt somit mit einem umfangsorientierten Krafttraining bzw. einem Übergangstraining. Die Person hat die letzten drei Monate schon Kraftausdauertraining betrieben. Nun soll sie sich mit dem Übergangstraining an höhere Intensitäten mit geringerer Wiederholungszahl gewöhnen, um anschließend im nächsten Mesozyklus in ein intensitätsorientiertes Krafttraining bzw. in ein extensives Hypertrophietraining überzugehen. Das Ziel der Person ist Muskelaufbau, weshalb der Trainingsschwerpunkt auf dem Hypertrophietraining liegt. Die Ziele Gewebsstraffung und Fettreduktion gehen mit einer gesteigerten Muskelmasse einher. Nach einem extensiven Hypertrophietraining folgt ein intensives Hypertrophietraining, um anschließend in ein extensives Maximalkrafttraining überzugehen. Das Maximalkrafttraining ist bei der Trainingsbeginnerin durchaus schon möglich, da die Intensität mit 50-70 % des ILB-Testergebnisses relativ gering ist (Eifler, 2015a, S. 217). Das Maximalkrafttraining dient dazu, die Kraftleistung der Person zu steigern, um dann bei einem im nächsten Makrozyklusplan folgenden Hypertrophietraining mit höheren Gewichtslasten trainieren zu können. Außerdem bildet die Maximalkraft die Basisfähigkeit für Reaktiv- und Schnellkraft (Güllich & Schmidtbleicher, 1999; zitiert nach Eifler, 2015a, S 56). Darüber hinaus sorgt ein Maximalkrafttraining für straffere Haut. In Bezug auf das Ziel der Gewebsstraffung ist das Maximalkrafttraining somit unerlässlich. Ein weiterer Punkt ist, dass auch im Alltag und Beruf Maximalkraftbelastungen auftreten können, wie zum Beispiel beim Tragen schwerer Gegenstände. Somit sorgt das Maximalkrafttraining neben einer strafferen Haut auch für eine bessere Lebensqualität der Person. Bedingt durch das Maximalkrafttraining im letzten Mesozyklus bleibt die Person noch in der Beginnerstufe, obwohl sie nach Beenden des 3. Mesozyklus mit 6 Monaten Krafttrainingserfahrung in die Geübtenstufe mit 60-80 % des IlB-Testergebnisses aufsteigen würde.

Nach jedem Mesozyklus folgt ein X-RM-Test mit der jeweiligen Wiederholungszahl des folgenden Mesozyklus, um die Trainingsintensitäten neu bestimmen zu können. Die Belastungsparameter ändern sich von Mesozyklus zu Mesozyklus jedoch nicht. Für die Person sind drei Einheiten pro Woche geplant, da sie in diesem Zeitrahmen auch die letzten drei Monate trainierte und da nach der Studie von Mc Lester, Bishop und Guilliams

(2000) drei Trainingseinheiten pro Woche optimale Trainingsreize für die Muskulatur darstellen. Pro Muskelgruppe werden 1-3 Übungen durchgeführt. Dies ist abhängig von der jeweiligen Muskelgruppe, da die Person aufgrund des durch ihren Beruf bedingten vielen Sitzens besonders ihren Rücken stärken sollte. Somit sind für die Rückenmuskulatur mehr Übungen angelegt als für die Brustmuskulatur. Pro Übung sind zwei Sätze geplant, da ansonsten der zeitliche Verfügungsrahmen der Person gesprengt werden würde. Lediglich die Wiederholungsanzahl ändert sich von Mesozyklus zu Mesozyklus. Am Ende jeder Krafttrainingseinheit folgt noch eine Ausdauereinheit von 40 Minuten auf dem Crosstrainer, um das Ziel der Körperfettreduktion zu unterstützen. Die Intensität liegt immer im Bereich 50-70 % des ILB-Ergebnisses. Die Intensitätsbestimmung sowie die anderen Belastungsparamter sind an das „Grobraster der ILB-Methode" (Eifler, 2015a, S. 156) angelehnt.

Als Organisationsform wurde das Stationstraining bzw. das Ganzkörpertraining ausgewählt. „Der Vorteil des Stationstraining besteht darin, dass es durch die aufeinander folgenden Sätze zu einer stärken Muskelermüdung kommt" (Eifler, 2015a, S.206). Die Person trainiert bereits seit drei Monaten, jedoch ohne Systematik. Da liegt die Vermutung nahe, dass eine gewisse Trainingsmonotonie entstanden ist und die Person reizunwirksam trainiert. Deshalb ist es wichtig, dass die Person nach dem Training auch in Form von Muskelermüdung spürt, dass sie sich angestrengt hat. Dies wirkt hier keinesfalls kontraproduktiv, da die Person schon in ihrer Kindheit gerne Sport betrieben hat und somit sportliche Belastungen gewohnt ist und ihnen gegenüber nicht negativ eingestellt ist. Ein weiterer Vorteil des Stationstrainings ist die Verletzungsprophylaxe. Dadurch, dass man alle Sätze direkt hintereinander an der jeweiligen Station ausführt, nimmt man beim ersten Satz in der Regel weniger Gewicht, um die weiteren Sätze noch bewältigen zu können. Dies schützt vor Verletzungen durch Überlastung. Da sich der zeitliche Verfügungsrahmen der Person auf drei Einheiten die Woche beschränkt, ist nur das Ganzkörpertraining sinnvoll, da hierbei jede Muskelgruppe drei Reize die Woche erfährt, was nach Mc Lester, Bishop und Guilliams (2000) die besten Ergebnisse erzielte . Bei einem Split-Training wäre ein wesentlich größerer zeitlicher Verfügungsrahmen notwendig, um die Muskulatur drei Mal die Woche zu stimulieren.

Bei allen Trainingseinheiten des Makrozyklus wird auf eine größtmögliche und gleichmäßig langsame Bewegungsausführung sowie eine gleichmäßige, der Bewegung angepassten Atmung geachtet. Außerdem erfüllt das geplante Training alle übergeordne-ten „Trainingsprinzipien" (angelehnt an Eisenhut & Zintl, 2013, S. 16-27; zitiert nach Eifler, 2015a, S.23). Das Prinzip des trainingswirksamen Reizes ist erfüllt, da die Inten-sität nach jedem Mesozyklus mittels X-RM-Test optimal angepasst bzw. progressiv ge-steigert wird und da auch innerhalb der Mesozyklen die Intensitäten von Woche zu Wo-che steigen. Dadurch sind die Belastungsreize immer optimal überschwellig. Damit ist auch gleichzeitig das Prinzip der progressiven Belastungssteuerung erfüllt. Außerdem än-dern sich von Mesozyklus zu Mesozyklus die Wiederholungszahlen und die Trainings-methodik bzw. das Trainingsziel. Das Prinzip der variierenden Belastung ist damit zum Teil erfüllt, da die Trainingsinhalte sowie die Trainingsmethode kontant bleiben. Dies würde sonst bei einem Trainingsbeginner für Verwirrung und damit für Überforderung sorgen. Das Prinzip der optimalen Relation zwischen Belastung und Erholung ist dadurch gegeben, dass die Person drei Einheiten die Woche mit jeweils einem bzw. maximal zwei Erholungstagen zwischen den Einheiten absolviert. Das Prinzip der Dauerhaftigkeit und Kontinuität ist durch die festgelegten Einheiten pro Woche ebenfalls gegeben. Da die Person bereits seit drei Monaten trainiert und sich realistische Ziele gesetzt hat, ist zu erwarten, dass sie auch die nächsten Wochen kontinuierlich weiter trainiert. Das Prinzip der Periodisierung und Zyklisierung ist mit dem geplanten Makrozyklus gesichert. Das Prinzip der Individualität und Altersgemäßheit ist durch die Anamnese, die Krafttestung sowie die Einstufung der Person nach dem „Grobraster der ILB-Methode" (Eifler, 2015a, S. 156) ebenfalls erfüllt.

4 Trainingsplanung Mesozyklus

Tab. 7: Mesozyklus 1, allgemeine Parameter (eigene Darstellung)

Mesozyklus	1
Zyklusdauer	6 Wochen
Spezifisches Trainingsziel	Übergangstraining
Trainingseinheiten pro Woche	3
Organisationsform	GK/Station
Übungen pro Muskelgruppe	1-3
Sätze pro Übung	2
Satzpausen	60 Sek.
Wiederholungszahl	15

Intensität in % ILB	50-70
Bewegungstempo: TUT	2/0/2

Tab. 8: Mesozyklus 1, Geräteauswahl und beanspruchte Muskulatur (eigene Darstellung)

Übung/Gerät	Beanspruchte Muskulatur
Latzug zum Nacken (Zuggerät Nacken, breite Stange) mehrgelenkig	Rückenmuskulatur dynamisch: M. latissimus dorsi, M. teres major, M. trapezius, pars ascendens, M. deltoideus, pars spinata, M. biceps brachialis, M. brachioradialis statisch: u. a. M. erector spinae
Frontkniebeuge mit Langhantel mehrgelenkig	Komplexe Beinübung dynamisch: M. quadrizeps femoris, M. glutaeus maximus, M. biceps femoris, caput longum, M. semitendinosus, M. semimembranosus, statisch: alle Abduktoren, alle Adduktoren, M. erector spinae
Brustpresse (sitzend) mehrgelenkig	Brustmuskulatur dynamisch: M. pectoralis major, M. deltoideus, pars clavicularis, M. triceps brachii, statisch: M. trapezius
Abduktorenmaschine (sitzend) eingelenkig	Hüftabduktorenmuskulatur dynamisch: M. glutaeus maximus, M. glutaeus medius und minimus, M. tensor fasciae latae
Rückenaufrollen an der 45 ° Bank mehrgelenkig	Rückenmuskulatur dynamisch: M. glutaeus maximus, M. biceps femoris, caput longum, M. semitendinosus, M. semimembranosus, M. erector spinae
Rumpfbeugen bzw. Crunches auf der Gymnastikmatte eingelenkig	Bauchmuskulatur dynamisch: M. rectus abdominis, M. obliquus externus abdominis, M. obliquus internus abdominis, M. transversus abdominis
Adduktorenmaschine (sitzend)	Hüftadduktorenmuskulatur

eingelenkig	dynamisch: M. adductor magnus, M. adductor brevis, M. adductor longus, M. pectineus, M. gracilis
Rumpflexionmaschine eingelenkig	Bauchmuskulatur dynamisch: M. rectus abdominis, M. obliquus externus abdominis, M. obliquus internus abdominis, M. transversus abdominis
Beinpresse (horizontal sitzend) mehrgelenkig	Komplexe Beinübung dynamisch: M. quadrizeps femoris, M. glutaeus maximus, M. biceps femoris, caput longum, M. semitendinosus, M. semimembranosus, statisch: alle Abduktoren, alle Adduktoren
Butterfly Revers eingelenkig	Rückenmuskulatur dynamisch: M. latissimus dorsi, M. teres major, M. trapezius, pars transversa, Mm. rhomboidei, statisch: M. trapezius, pars ascendens, M. erector spinae

Der Schwerpunkt des Mesozyklus 1 liegt auf Maschinenübungen. Lediglich eine Freihantelübung und zwei funktionsgymnastische Übungen, von der eine auf einer Bank ausgeführt wird, sind im Trainingsplan enthalten. Der Vorteil an Maschinen ist, dass die Bewegungen geführt und somit schnell zu erlernen sind. Dies ist besonders bei Trainsbeginnern mit wenig Erfahrung von Vorteil, da diese schnell Erfolgserlebnisse haben, wodurch die Motivation bestehen bleibt. Da die Person jedoch schon seit drei Monaten an immer denselben Maschinen trainiert, sind nun eine Freihantelübung und zwei funktionsgymnastische Übungen dazugekommen, damit die Person neue sportliche Herausforderungen bekommt, die Trainingsmonotonie und damit Demotivation verhindern. Freihantelübungen und funktionsgymnastische Übungen sind koordinativ anspruchsvoller und alltagsnäher.

Der Schwerpunkt liegt bei den Übungen auf der Rückenmuskulatur, da die Person den ganzen Tag im Büros sitzt und somit ihren Rücken stärken sollte, um spätere Rückenbeschwerden bestmöglich vermeiden zu können. Darüber hinaus liegen auch Bein- und Bauchmuskulatur im Fokus, da die Person ihren Körper straffen möchte und dies bei Frauen besonders die Regionen Bauch-Beine-Po betreffen.

Es sind sowohl eingelenkige- als auch mehrgelenkige Übungen im Plan vorgesehen, da sich beide Übungsformen bezüglich ihrer Vorteile ergänzen. Mehrgelenkige Übungen haben den Vorteil, dass in Muskelketten trainiert wird und die passiven Strukturen durch die physiologische Gelenkmechanik entlastet werden. Außerdem sind mehrgelenkige Übungen alltagsnäher, da wir bei Alltagsbewegungen immer in Muskelketten arbeiten. Eingelenkige Übungen ermöglichen ein isoliertes Training einer Muskelgruppe, es handelt sich um motorisch einfach auszuführende Bewegungen, wodurch diese schneller erlernbar sind und weniger Fehlerbilder möglich sind. Dadurch erlebt die Person schneller Erfolgserlebnisse, was gerade für Trainingsbeginner von großer Bedeutung ist. Deshalb dominieren die eingelenkigen Übungen auch leicht im Trainingsplan. Außerdem treten im Gegensatz zu mehrgelenkigen Übungen keine axialen Druckbelastungen auf.

Der Trainingsplan beginnt mit der mehrgelenkigen Übung Latzug zum Nacken, da die Rückenmuskulatur als Defizit zuerst thematisiert wird. Anschließend folgt die Frontkniebeuge mit Langhantel. Da diese komplexe Übung koordinativ sehr anspruchsvoll ist, ist es zwingend notwendig, dass sie relativ am Anfang durchgeführt wird. Sie wurde bewusst nicht als erste Übung eingesetzt, da die Person erst mal langsam mit einer geführten Bewegung im Training ankommen soll. Die Frontkniebeuge ist aufgrund ihrer Komplexität eher für Fortgeschrittenen geeignet. Da die Person aber jung, sportlich und beschwerdefrei ist, soll sie nach dreimonatigem Training an geführten Maschinen nun auch mal koordinativ gefordert werden. Außerdem ist diese Übung für die Bein- und Gesäßmuskulatur wieder für Frauen von zentraler Bedeutung. Außerdem muss bei dieser Übung der M. rector spinae statisch stabilisieren, wodurch auch hier wieder die Rückenmuskulatur mitspielen muss. Nach der Kniebeuge folgt die Brustpresse für die Brustmuskulatur als direkter Gegenspieler des Latzugs für die Rückenmuskulatur. Nach der komplexen Übung Kniebeuge folgt eine geführte Bewegung, damit die Person nicht überfordert wird. Im weiteren Verlauf wird dann die Hüftabduktion an der Hüftabduktorenmaschine durchgeführt, die aufgrund der geführten Bewegung gut für Anfänger geeignet ist. Diese Übung ist für Frauen wegen der beanspruchten Bein- und Gesäßmuskulatur wieder wichtig. Nun folgen zwei funktionsgymnastische Übungen, um die Person koordinativ noch ein letztes Mal zu fordern und um den Plan abwechslungsreicher zu gestalten. Das Rückenaufrollen an der 45 ° Bank ist wieder wichtig für die Rückenmuskulatur, da die Rückenstrecker hierbei dynamisch und mal nicht statisch arbeiten. Außerdem ist diese Übung aufgrund des Zusammenspiels von Hüft- und Wirbelsäulenstreckung koordinativ anspruchsvoller als die Variante Rückenstrecken. Die Crunches für die Bauchmuskulatur sind als Gegenspieler zur Rückenmuskulatur zwingend notwendig. Außerdem wird von den Problemzonen Bauch-Beine-Po nun auch der Bauch mit eingebracht. Die freie bzw. die beiden funktionsgymnastischen Übungen werden ebenfalls mit zwei Sätzen, die aus jeweils 15 Wiederholungen bestehen, durchgeführt. Zur Intensitätssteigerung können bei der Frontkniebeuge zusätzlich Gewichtsscheiben aufgelegt werden. Bei den Crunches sowie beim Rückenaufrollen können zusätzlich Gewichtshanteln integriert werden. Nach den beiden funktionsgymnastischen Übungen folgen nur noch geführte Bewegungen an Maschinen, da nun aufgrund der zunehmenden neuronalen sowie muskulären Ermüdung bei freien bzw. funktionsgymnastischen Übungen zu viele Fehlerbilder entstehen würden. Zuerst wird die Hüftadduktion an der Adduktorenmaschine als Gegenspieler zur Hüftabduktion durchgeführt. Dann folgen die Rumpfflexionmaschine für die Bauchmuskulatur und die Beinpresse für die Bein- und Gesäßmuskulatur. Diese drei Übungen decken noch einmal den Bereich Bauch-Beine-Po ab. Als letzte Übung ist nun der Butterfly Revers vorgesehen, um mit der Rückenmuskulatur als Defizit abzuschließen, damit die Person das Training mit einer schönen aufgerichteten Haltung beendet. Da die Person die Rundrückenhaltung im Alltag viel zu oft einnimmt, ist es wichtig, der Person nun mit der aufgerichteten Haltung ein völlig neues Körpergefühl mit auf den Weg nach Hause zu geben.

Insgesamt werden zehn Übungen mit den oben angegebenen allgemeinen Parametern durchgeführt. Für jede Übung sind ca. 3-5 Minuten vorgesehen, sodass der zeitliche Rahmen von 45 Minuten nicht überschritten wird. Anschließend folgt noch eine Ausdauereinheit von 40 Minuten auf dem Crosstrainer.

5 Literaturrecherche: Effekte des Krafttrainings bei Osteoporose

Tab. 9: Übersicht der Studie „Krafttraining an konventionellen bzw. oszillierenden Geräten und Wirbelsäulengymnastik in der Prävention der Osteoporose bei postmenopausalen Frauen" (Siegrist, Lammel & Jeschke, 2006) (eigene Darstellung)

Wer hat die Studie durchgeführt?	Siegrist, M., Lammel, C. und Jeschke, D.
In welchem Jahr wurde die Studie publiziert?	2006
Mit welchen Versuchspersonen wurde die Studie durchgeführt?	Mit osteopenischen, postmenopausalen Frauen zwischen 50 und 70 Jahren, deren letzte Menstruation mindestens 2 Jahre zurück lag und die einen Body-Mass-Index zwischen 18 und 30 kg/m2 aufweisen konnten
Wie sah der Versuchsaufbau aus?	Alle 69 osteopenische, postmenopausale Frauen betrieben 2 Mal die Woche Wirbelsäulengymnastik unter Anleitung. 26 der 69 Frauen absolvierten darüber hinaus noch ein konventionelles Krafttraining bei 60-80 % des 1-RM und 23 Frauen betrieben Krafttraining mit vibrierenden Trainingsgeräten ebenfalls 2 Mal die Woche. Somit nahmen 20 Frauen nur an der Wirbelsäulengymnastik teil.
Welche relevanten Ergebnisse und Schlussfolgerungen lieferten die Studie?	Durch das Krafttraining kam es im Gegensatz zur Wirbelsäulengymnastik zu einer Vergrößerung der Knochenfläche am Oberschenkelhals um 1,3 %. Durch beide Formen des Krafttrainings kam es zu Zunahmen der maximalen dynamischen Kraft der Beinstrecker: beim konventionellen Krafttraining um 50 % und beim Krafttraining mit vibrierenden Geräten sogar um 54 %. Auch die Kraft der Armbeugemuskulatur wurde beim konventionellen Krafttraining um 24 % und beim Krafttraining mit vibrierenden Geräten um 17 % gesteigert. Bei den Frauen, die lediglich Wirbelsäulengymnastik betrieben konnte eine Verbesserung der Beinkraft um 22 % festgestellt werden. Bei allen drei Gruppen kam es zu keinen erheblichen Veränderungen von Knochenmasse und Knochendichte im Bereich der Lendenwirbelsäule. Positive Veränderungen des Wohlbefindens bzw. vorhandener Rückenschmerzen ergaben sich besonders durch die Wirbelsäulengymnastik. Somit verbessert die Wirbelsäulengymnastik sowohl Befinden als auch Kraft und

	beugt damit präventiv gegen Osteoporose vor. Das Krafttraining mit vibrierenden Geräten führt primär zu einer Kraftzunahme, wohingegen konventionelle Krafttraining Kraft und Knochenstruktur verbessert. Durch die individuell gut dosierbare Anpassung des konventionellen Krafttrainings ist es als Training zur Osteoporose-Prävention ebenfalls zu empfehlen.

Tab. 10: Übersicht der Studie „Home-based resistance training improves femoral bone mineral densitiy in women on hormone therapy" (Judge, J. O. et al., 2005) (eigene Darstellung)

Wer hat die Studie durchgeführt?	Judge, J. O., Kleppinger, A., Kenny, A., Smith, J., Biskup, B. und Marcella, G.
In welchem Jahr wurde die Studie publiziert?	2005
Mit welchen Versuchspersonen wurde die Studie durchgeführt?	Mit hormonunterstützten, postmenopausalen Frauen zwischen 59 und 78 Jahren, die seit mindestens 2 Jahren hormonunterstützt waren und Oberschenkelknochen-T-Werte von -0,8 bis -2,8 aufzuweisen hatten
Wie sah der Versuchsaufbau aus?	Die Frauen wurden randomisiert zwei Gruppen zugeteilt. 2 Jahre lang führte die eine Gruppe ein Krafttraining nur für die oberen Extremitäten und die andere Gruppe nur für die unteren Extremitäten durch. Die Gruppe, die die oberen Extremitäten trainierten, verwendeten einen Gewichtgurt, wohingegen die andere Gruppe mit elastischen Bändern und Hanteln trainierten. Die Knochendichte wurde mittels DXA-Verfahren ermittelt.
Welche relevanten Ergebnisse und Schlussfolgerungen lieferten die Studie?	In den zwei Jahren wurde in beiden Trainingsgruppen im Oberschenkelknochen eine signifikante Verbesserung der Knochendichte festgestellt. In der Gruppe, die die unteren Extremitäten trainierte, stieg die Oberschenkeldichte um 1,5 % und in der Gruppe, die die oberen Extremitäten trainierten, um 1,8 %. Die Knochendichte am Trochanter stieg in der Gruppe der unteren Extremitäten um 2,4 % und in der Gruppe der oberen Extremitäten um 2,5 %, womit der Trochanter die größte Zunahme verzeichnete. Die Körperzusammensetzung wurde in beiden Gruppen gehalten. Somit macht ein langfristig betriebenes moderates Krafttraining Knochenverlust rückgängig. Die Ähnlichkeit in der

	Reaktion der beiden Gruppen auf das Krafttraining zeigt, dass man eine systematische, anstatt eine ortspezifische Veränderung der Knochendichte durch Krafttraining hervorrufen kann.

6 Literaturverzeichnis

Buskies, W., Boeckh-Behrens, W.-U. (1999). Probleme bei der Steuerung der Trainingsintensität im Krafttraining auf der Basis von Maximalkrafttests. *Leistungssport,29* (3), 4.

Eifler, C. (2013). *Empirische Überprüfung der Effekte verschiedener Ansätze zur Intensitätssteuerung im fitnessorientierten Krafttraining.* Dissertation, Universität des Saarlandes, Saarbrücken.

Eifler, C. (2015a). *Studienbrief Trainingslehre 1 – Gesundheitsorientiertes Krafttraining.* Saarbrücken: Deutsche Hochschule für Prävention und Gesundheitsmanagement.

Eifler, C. (2015b). *Studienbrief Medizinische Grundlagen.* Saarbrücken: Deutsche Hochschule für Prävention und Gesundheitsmanagement.

Gallagher, D., Heymsfield, S. B., Heo, M., Jebb, S. A., Murgatroyd, P. R., Sakomoto, Y. (2000). Healthy percentage body fat ranges: an approach for developing guidelines based on body mass index 1–3. *The American Journal of Clinical Nutrition, 72* (3), 694-701.

Kraemer, W. J., Fleck, S. J. (2007). *Optimizing strength training. Designing nonlinear periodization workouts.* Champaign: Human Kinetics.

Mc Lester, J. R., Bishop, E., Guilliams, M. E. (2000). Comparison of 1 day and 3 days per week of equal-volume resistance training in experienced subjects. *Journal of Strength and Conditioning Research, 14* (3).

Siegrist, M., Lammel, C. & Jeschke, D. (2006). Krafttraining an konventionellen bzw. oszillierenden Geräten und Wirbelsäulengymnastik. *Deutsche Zeitschrift für Sportmedizin, 57* (7/8), 182-188.

Judge, J. O., Kleppinger, A., Kenny, A., Smith, J., Biskup, B. & Marcella, G. (2005). Home-based resistance training improves femoral bone mineral density in women on hormone therapy. *Osteoporosis International, 16* (9), 1096-1108.

7 Tabellenverzeichnis